TRAITÉ

D'ACCOMPAGNEMENT

ET DE COMPOSITION,

SELON LA REGLE DES OCTAVES DE MUSIQUE,

Ouvrage generalement utile pour la Tranſpoſition, à ceux qui ſe meſlent du Chant & des Inſtrumens d'accord, ou d'une partie ſeule, & pour apprendre à chiffrer la Baſſe continuë.

Par le Sieur CAMPION, Profeſſeur - Maiſtre de Théorbe & de Guitare, & Ordinaire de l'Academie Royale de Muſique.

OEUVRE SECOND.

A PARIS,

Chez
{ la Veuve G. A D A M , Imprimeur-Libraire, Pont S. Michel, à l'Olivier,   ET
{ l'Auteur, ruë de Grenelle, Quartier S. Honoré, prés la ruë des deux écus.

Et à la Porte de l'Opera.

M. D C C. X V I.

AVEC PRIVILEGE DU ROY.

TRAITÉ

D'ACCOMPAGNEMENT

ET DE COMPOSITION,

SELON LA REGLE DES OCTAVES.

ON ne compofoit autrefois en France de la Mufi-que, que fur des modes ordinaires, & on traitoit de cromatique & de bizarre, celle que l'on faifoit fur des modes de Diézes, & des Bémols.

Aujourd'huy que les Cantates & les Sonates font venuës à la mode, & que l'on a outre-paffé l'ançienne methode bornée, à l'imitation des Italiens, qui nous en ont, fans contredit, donné l'idée; nous avons pris l'effort, dans l'efperance d'une connoiffance generale : & c'eft pour y parve-nir que j'entreprens icy d'en donner les principes.

B

Pour parvenir à ce deſſein, il faut conſiderer le tout en general, c'eſt-à-dire, toutes les Nottes par ſemi-tons, qui
ſont ;

                                          ſi
                                   ſi bémol
                              la
                         ſol diéze
                     ſol
                fa diéze
              fa
           mi
        mi bémol
       re
    ut diéze
ut

Par cet arrangement, il y a douze ſemi-tons, ſur leſquels la
Muſique eſt poſſible. Sur chacun de ces ſemi-tons on établit
un mode mineur & un mode majeur ; par conſequent il y a
dans la Muſique vingt-quatre modes, ou octaves. Sçavoir,
douze mineures, & douze majeures ; c'eſt ce qu'on peut voir
dans les deux planches ci-jointes, où je les ay mis d'ordre,
avec la maniere d'armer les clefs pour chaque octave.

    Pour accompagner, il faut conſiderer dans quelle de ces
octaves on eſt, & à combien du ton, commençant à compter
par la premiere, montant ou deſcendant l'armonie ; c'eſt la
maniere la plus ſûre & la plus facile de donner l'accord ne-
ceſſaire, & je ne croy pas que l'on ait juſqu'ici rien donné
de plus general & de plus ſimple.

    Celui qui voudra accompagner doit avant toutes choſes
pratiquer octave à octave, commençant par les plus ordinaires.
Il y a trois manieres de faire chaque octave ſur le Clavecin.

quæ sunt eadem uni tertio, sunt eadem inter se.

TON MINEUR

quæ sunt eadem uni tertio, sunt eadem inter se.

omnia in ipsis et ex ipsis.
TON MAJEUR

TON MINEUR

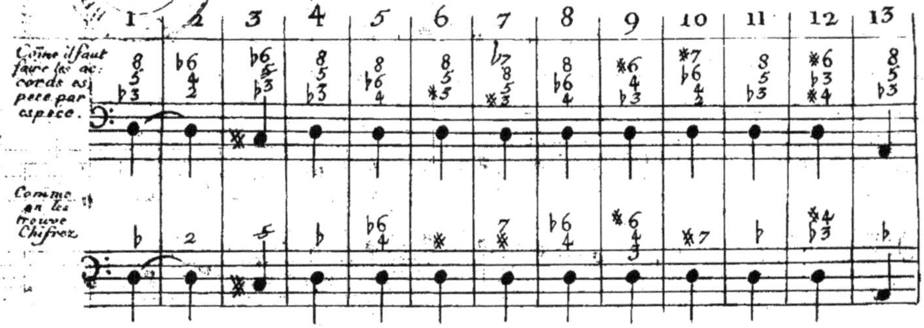

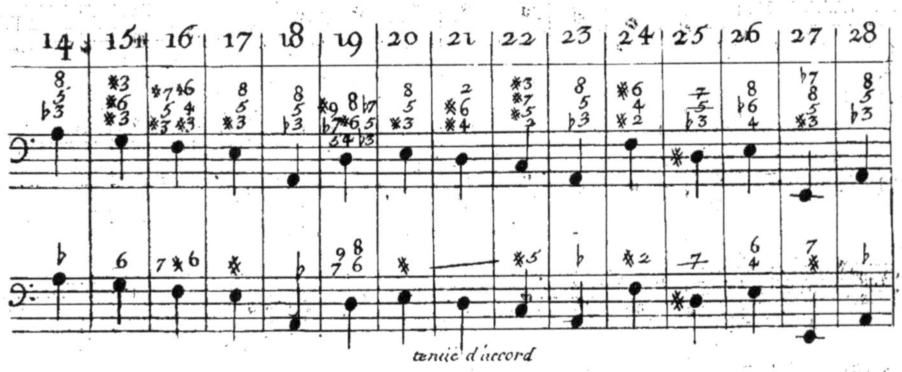

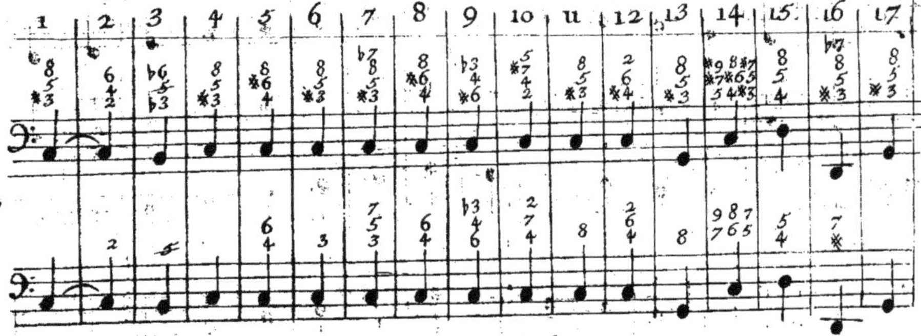

TON MAJEUR

Sçavoir, par la tierce, par la quinte, & par l'octave ; car il n'importe pas de l'arrangement des parties, pourvû qu'elles s'y trouvent, par consequent chaque maniere a ses doigts affectez, où il faut se consommer avec le secours d'un Maistre qui soit au fait de ces octaves.

Je dirai ici en passant qu'il y a des octaves sur le Clavecin qui sont fort injustes d'armonie ; c'est l'ingratitude de cet instrument que les autres n'ont pas tant : mais cela n'en doit pas empêcher la connoissance.

Il y a une maniere toute particuliere de faire ces octaves sur le Théorbe & sur la Guitare, qui est de l'invention de feu M. de Maltot mon Predecesseur en l'Academie Royale de Musique. Je l'ay receu de lui comme le plus grand témoignage de son amitié. Il a rendu cet instrument tres pratiquable en peu de temps, qui n'estoit avant accessible, que par le gr nd nombre d'années, & je ne sçache pas qu'il ait fait part dece secret à d'autres qu'à moi, en état de l'enseigner.

Quand il me donna la Regle des octaves, je n'étois sûr de rien, ayant eû neanmoins les principes des plus habiles Maistres; il m'écrivit & chiffra l'octave d'ut, & ré, & me disant que toute la Musique étoit cela : dés ce moment je conçûs & ne doutai plus de l'armonie ; je suis assûré que ce Traité fera le même effet à beaucoup de ceux qui le liront, le systême en étant si concis & si general. M. Clerambault avoüe qu'il a conçû cette Regle à l'instant qu'on la lui montra. Je l'ay enseigné pareillement du premier coup d'œil à plusieurs Maistres de mes amis, qui ont abandonné leurs anciens principes pour ne se servir que de ceux-ci. Si cette Regle est si sensible, qu'on en puisse découvrir la verité, quand on est à certaine portée? comment un Ecolier a qui, un Maistre versé dans ces octaves, ne la concevra-t-il point, pour peu qu'il ait de disposition.

On doit apprendre parfaitement aller & venir, ces termes simples d'accompagnement suivans :

Octave.

Septiéme majeure.

Sixte majeure.

Sixte mineure.

Quinte.

Quarte majeure, Triton, ou fausse Quinte.

Quarte.

Tierce majeure.

Tierce mineure.

Seconde

Seconde mineure.

Unisson.

Il y a douze semi-tons, comme nous avons déja dit, qui se traittent chacun de deux manieres : sçavoir, douze, ton majeur, & douze, ton mineur.

La premiere octave de chaque planche qui est chiffrée, sert de modele pour les autres. Puisque la premiere de chaque octave porte le même accord, la seconde, la troisiéme, &c. montant ou descendant l'harmonie.

La grande affaire, est de sçavoir quand on change d'octave; car une Musique est un assemblage d'une partie de ces octaves, c'est ce qui se découvre par le diéze extraordinaire à l'octave dans laquelle on est, & ce diéze extraordinaire, se rencontrant devant la notte, ou devant le chiffre, annonce l'octave du semi-ton au-dessus du diéze; par exemple.

J'accompagne une Musique en la mineur, (d'autres diront s'ils veulent à mi la tierce mineure, je ne vois point de necessité à l'amplification,) aprés avoir traité quelque temps cette octave, j'y rencontre un ré diéze, surement je suis dans l'octa-

ve

ve du mi aprés avoir traité quelque temps cette octave, plus
ou moins ; car quelquefois il n'y a qu'une notte, par ce qu'un
diéze efface l'autre, le dernier ayant toûjours lieu, je rencontre un ut, diéze, furement je fuis dans l'octave du ré :
aprés avoir traité cette octave, je rencontre un fol diéze, fûre-
ment je rentre dans l'octave du la, & ainfi du refte.

Le diéze eft donc une notte fenfible, qui annonce l'octave
du femi-ton au-deffus.

La Regle des octaves n'eft pas moins de confequence pour
ceux qui chantent, que pour ceux qui joüent des Inftrumens
à partie feule ; car fçachant dans quelle octave ils entrent, ils
fe trouvent préparez, le diéze portant la même confequence
aux deffus qu'aux baffes ; cet ouvrage leur eft également utile,
hors les chiffres qui ne font que pour les Inftrumens d'accompagnement ils fe trouvent préparez comme j'ay dit, lorf-
qu'ils ont pratiqué les octaves toute l'étendue de leur Inftru-
ment, & fçavent ce qui eft poffible, ou non.

Les Mufiques compofées par les habiles en la Regle des
octaves, font autant de témoins, & de preuves de la verité de
ces principes ; car il y a des Auteurs qui ont compofé fans la
connoiffance reguliere de ces octaves, & dont il faut accompagner les Mufiques comme ils les ont chiffré. La Mufique
Italienne eft formelle à ces octaves.

L'expofition de ces deux planches font de contre-point fim-
ple ; car on peut monter ou defcendre les octaves par d'autres
accords figurez, comme de 6tes de 7mes &c. mais le premier
diéze extraordinaire que l'on rencontrera, tant devant la notte,
que devant le chiffre, que le bon Compofiteur eft obligé de
mettre, tirera fa confequence.

Autant d'octaves, autant de diézes, & de bémols ; douze
octaves, par confequent douze diézes, & douze bémols ; car
la fi xiéme du ton mineur en defcendant tient lieu de b mol ;

ce font les nottes fenfibles par lefquelles on entre d'octave en
octave. Il y a differens accords diminuez & fuperflus , comme je les ay mis dans la 3ᵉ planche. J'ay chargé la premiere
ligne de tous les chiffres, efpece par efpece, qui accompagnent
chaque accord, & je les ay mis en fecond, comme on les
trouve ordinairement chiffrez dans les Mufiques ; n'étant fou-
vent befoin que d'un chiffre pour faire un accord entier.

Explication des accords , ton mineur.

1.   Je commence mon harmonie en ré, qui porte un b mol,
qui fignifie 3ᶜᵉ mineure, 5ᵗᵉ & 8ᵛᵉ comme le diéze feul fur
une notte, fignifie 3ᶜᵉ majeure, 5ᵗᵉ & 8ᵘᵉ·

    Nota , que 3ᶜᵉ mineure, 5ᵗᵉ & 8ᵘᵉ· ne fe fait jamais qu'à
la premiere du ton mineur.

2. La feconde s'accompagne de la 4ᵗᵉ & de la 6ᵗᵉ mineure,
& fe fait ordinairement fur la premiere du ton, & fe fauve
prefque toûjours par le femi-ton d'au-deffous de la notte qui
a receu 4ᵗᵉ & 2ᵈᵉ· ainfi qu'on le voit par ,

3.   L'ut diéze fuivant, qui porte l'accord conforme à la feptiéme, du ton qu'il eft.

4.   Comme le premier article.

5.   La 4ᵗᵉ· la 6ᵗᵉ mineure, & l'8ᵛᵉ· fe mettent fur la finalle
ou dominante.

    Finalle , eft la premiere du ton.

    Dominante , eft la cinquiéme du ton.

6.   Le diéze feul fur une notte, fignifie comme nous l'avons
dit, 3ᶜᵉ majeure, 5ᵗᵉ & 8ᵛᵉ· & ne fe trouve que fur la dominante du ton majeur & mineur, & fur la finalle du ton
majeur.

7. Avec le precedent, on ajoûte la 7ᵐᵉ mineure, alors la notte
qui porte cet accord eft dominante, fi la confequence n'en eft

fufpenduë par un point d'Orgue, tel que nous faifons icy.

8. Reppetition du 5ᵉ article, pour la liaifon d'harmonie.

9. Tierce mineure, 4ᵗᵉ & 6ᵗᵉ majeure. Cet accord fe fait à la feconde du ton majeur ou mineur, & à la fixiéme du ton majeur en defcendant; cependant à la feconde du ton mineur en montant, j'aime beaucoup mieux la fauffe quinte, au lieu de la 4ᵗᵉ je trouve cet accord plus fenfible, quand on procede par degrez conjoints.

10. La 7ᵉ majeure fe fait fur la premiere du ton, & s'accompagne de la 2ᵈᵉ de la 4ᵗᵉ & de la 6ᵗᵉ mineure.

11. Comme le premier article.

Jufqu'à prefent je n'ay point forti de l'octave du ré que je ne veux pas prolonger davantage inutilement, il n'y a point eu de changement de ton, d'autant qu'il n'y eft point entré de diéze extraordinaire; car l'ut diéze qui a regné appartient, & eft notte fenfible de l'octave du ré.

12. Nous en fortons icy, parce que le triton du ré eft un fol diéze, qui eft notte fenfible de l'octave du la, & à la quatriéme du ton, parce que le triton ne fe fait qu'à la quatriéme du ton.

Il eft icy accompagné de la 6ᵗᵉ & de la a₃ᶜᵉ mineure, ordinairement il eft accompagné de la 6ᵗᵉ & de la 2ᵈᵉ & c'eft une élegance de l'accompagner de la 3ᶜᵉ mineure, le Compofiteur eft obligé de la chiffrer avec le triton; car le triton étant feul, eft accompagné de la 2ᵈᵉ & 6ᵗᵉ.

Nota, que ce n'eft qu'en ton mineur, où le triton peut eftre accompagné de la 3ᶜᵉ mineure.

Le degré du triton eft quarte majeure, il s'appelle ainfi quand il eft accompagné de la 6ᵗᵉ & de la 2ᵈᵉ & la notte qui le porte, comme nous venons de dire, eft toûjours quatriéme du ton.

Ce même degré s'appelle fauffe quinte, quand elle eft accompagnée de la 3ᶜᵉ mineure, & de la 6ᵗᵉ mineure, alors la notte qui porte cet accord est la septiéme du ton.

Si la fausse quinte est accompagnée de la 6ᵉ majeure, & 3ᶜᵉ mineure, la notte qui porte cet accord est seconde du ton mineur, en montant.

La septiéme du ton porte quelquefois la 7ᵉ diminuée avec la fausse quinte, nous en parlerons cy-aprés.

Nota, qu'on ne se sert point en Musique de la 2ᵈᵉ mineure, elle ne sert qu'à d'écompter les termes d'accompagnement, ainsi on ne la chiffre jamais, quand on voit une seconde, elle est toûjours majeure. La 9ᵐᵉ est quelquefois mineure, l'8ˣᵉ superfluë n'a point assez de lieu pour en faire mention.

13. Comme le premier article.

14. Idem.

15. Septiéme du ton en descendant.

16. Pour tomber sur la dominante, avant l'accord ordinaire que l'on fait à la sixiéme du ton, on trouve souvent la 7ᵉ, qui s'accompagne de la 3ᶜᵉ & de la 5ᵗᵉ sur la premiere partie de la notte, & sur l'autre partie de la notte on fait l'accord ordinaire marqué dans les octaves ; car quelques dissonances que l'on fasse, la simplicité & la verité des octaves aboutit & finit.

Sur cette sixiéme du ton, la 6ᵗᵉ est naturellement majeure, j'ay cependant mis un diéze à costé pour la diézer, & elle s'appelle ainsi 6ᵗᵉ superfluë, c'est un accord extraordinaire. Les Italiens la chiffrent d'un 7 avec un b mol à costé, & nos François d'un diéze auprés de la 6ᵗᵉ. Ainsi que je l'ay mise. Son degré est 7ᵐᵉ mineure.

Cet accord n'est pas goûté des Anciens, qui ne l'ont point pratiqué, c'est à mon avis un accord excellent, quand on le sçait placer à propos, & qu'on n'en fuse point trop souvent.

Le fa qui tient lieu de bémol dans l'octave du là, est notte sensible ; le ré diéze qui fait sixte superfluë, est là en quelque

façon

façon notte fenfible du mi, où fe termine extrémement bien l'harmonie.

Remarque fur la fixiéme du ton mineur, en defcendant.

La fixiéme du ton mineur en defcendant eft le bémol, notte fenfible de l'octave mineure, comme le diéze, ce qui eft embaraffant à connoiftre pour la tranfpofition ; mais il faut obferver d'un coup d'œil comment les octaves font écrites. C'eft fans doute cette confideration, qui fait mettre à beaucoup d'Italiens un bémol à la clef dans l'octave du ré, ce qui ne me paroît pas jufte, en ce que, de la dominante ou de la cinquiéme du ton, on monte à la huitiéme par degrez majeurs, en paffant fur le diéze fenfible de l'octave ; & on defcend par degrez mineurs en paffant fur le bémol, ou la notte qui y tient lieu à la fixiéme du ton, pour tomber fur la dominante ; par confequent le bémol ne doit point eftre la clef, puifqu'il eft accidentel, comme le diéze.

Dans l'octave du la, le fa eft diéze en montant, & en defcendant il eft naturel, & eft fenfé bémol.

Quand il y a un diéze à la clef, l'ut tient lieu de bémol.

Quand il y a deux diézes, le fol tient lieu de bémol.

Quand il y a trois diézes à la clef, le ré tient lieu de bémol.

Quand il y a quatre diézes, le la tient lieu de bémol.

Quand il y a cinq diézes, le mi tient lieu de bémol.

Ces Nottes qui tiennent lieu de bémol font diézées en montant l'octave, & étant renduës naturelles en defcendant, font fenfées eftre bémol fenfible.

Dans le refte des octaves, où il y a un, ou plufieurs bémols à la clef, la fixiéme du ton y eft moins embaraffante, en ce qu'elle eft marquée par un bémol accidentel.

D

Tous les Italiens ne s'accordent point, pour armer leurs clefs. Les uns y mettent plus, ou moins de diézes, & de bémols, que les autres. Par exemple, dans le la majeur : la plûpart mettent le fol diéze de moins à la clef; Ce que je n'approuve point, d'autant que le ton majeur monte, comme il defcend, n'ayant qu'une notte fenfible qui eft le diéze toûjours à la clef. Je me fuis conformé en cela à l'ufage de nos plus habiles.

Nota, Que la fixte fuperflue ne fe fait qu'en ton mineur.

17. Comme au fix.

18. Comme au premier.

19. L'endroit où l'on place ordinairement la 9ᵉ & la 7ᵉ, eft à la 4ᵉ du ton en montant, elle fe place auffi fur plufieurs nottes de fuite, il faut avoir attention au diéze extraordinaire que le Compofiteur eft obligé de mettre, s'il change de ton. On y ajoûte la 5ᵗᵉ cela fe fauve par l'8ᵛᵉ la 6ᵗᵉ & la 4ᵗᵉ Quelquefois le Compofiteur y ajoûte enfuite cet autre accord 7ᵉ, 5ᵗᵉ & 3ᶜᵉ mais cela n'arrive que quand la notte eft longue, & que le Compofiteur l'a chiffré.

20. Comme le fix, j'ay efté obligé de faire des redites pour faire une fuite de chant qui ne fut pas infupportable.

21. Triton ordinaire, dont nous avons parlé article douze.

22. Quinte fuperfluë, fon degré eft 6ᵗᵉ mineure. Son accompagnement 2ᵈᵉ 3ᶜᵉ & 7ᵉ. Cet accord me paroît brutte & confus. Il y a beaucoup d'art à le placer pour luy donner effet. Il ne fe fait que fur la troifiéme du ton mineur.

23. Comme le premier.

24. Seconde fuperfluë, fon degré eft tierce mineure, & ne fe fait qu'à la fixiéme du ton mineur en defcendant; elle s'accompagne de la 4ᵗᵉ & de la 6ᵗᵉ Cet accord eft fort beau en place.

25. Septiéme diminuée, fon degré eft 6te majeure, fon accompagnement, tierce & fauffe quinte. Cet accord fe fait à la feptiéme du ton mineur.

26. Article 5. Nota, qu'au lieu de la 6^{te,} on met fi l'on veut la 5te.

27. Article feptiéme.

28. Article premier.

Voilà en ton mineur une grande partie des accords poffibles, il en eft encore quelques autres que les Cómpofiteurs fe permettent, qui ne font pas de la confequence de ceux-cy, qui conduifent à la pratique des autres.

Il en eft d'autres en ton majeur, peu differens du mineur, & en plus petit nombre ; car le ton mineur a bien plus d'étenduë que le ton majeur. En voicy les plus ordinaires.

1. Accord parfait, ton majeur, premiere du ton.

2. La difference de celle-cy à l'article deux, ton mineur, c'eft qu'icy la 2de & la 4^{te,} font accompagnez de la 6te majeure.

Il eft abfolument neceffaire au Compofiteur, ou Accompagnateur, de fçavoir l'efpece de chaque chiffre, afin d'eftre toûjours au fait de l'octave majeure, ou mineure. J'en donnerai l'explication cy-aprés.

3. Il n'y a point de difference de cet article au troifiéme ton mineur.

Maniere de découvrir la notte fenfible en ton majeur.

Le fi eft naturellement 7e de l'octave de l'ut ; car dans le ton majeur le diéze eft naturellement à la clef, & quoique dans l'octave de l'ut il n'y ait point de diéze à la clef, le fi y tient lieu de diéze, & eft notte fenfible, regnante & naturelle.

I

Quand le si est bémol à la clef, le diéze regnant est mi, qui est notte sensible de l'octave du fa.

Quand le si & mi sont bémols à la clef, le la tient lieu de diéze, & est notte sensible de l'octave du si bémol.

Quand le si, le mi, & le la, sont bémols à la clef, c'est le ré qui est diéze sensible de l'octave du mi bémol.

Quand le si, le mi, le la, & le ré, sont bémols à la clef, le sol, qui tient lieu de diéze, & est notte sensible de l'octave du la bémol.

Les Compositeurs sont obligez d'éclairer leurs Musiques en chiffrant la fausse quinte sur ces septiémes du ton.

Pour ce qui est du reste des octaves majeures, elles ont des diézes à la clef. Ainsi c'est le plus extraordinaire, qui est notte sensible, comme nous l'avons dit.

Cecy se doit remarquer pour le ton majeur, l'Ecolier pourroit estre embarassé de trouver sa notte sensible, qui est sa boussole ; car en ton mineur le diéze est accidentel, & n'est point à la clef.

4.   Comme le premier.

5.   Cet accord ne differe du mineur, article 5, qu'en la 6te qui est icy majeure.

6.   Comme le premier.

7.   Comme l'article 7, ton mineur.

8.   Comme le 5.

9.   Seconde du ton mineur & majeur, montant ou descendant, & quand l'Auteur n'a point chiffré la fausse quinte sur la seconde du ton mineur en montant, la consequence en est icy suspenduë par le point d'orgue.

10.   L'Article 10. ton mineur, explique cet accord. La difference est qu'au lieu de la 6te mineure, on met en ton majeur la quinte.

11.   Comme le premier.

12.

11. Triton, quatriéme du ton, la notte qui fait triton, eft fa diéze, donc on entre dans l'octave du fol. J'en ay parlé article 11. ton mineur.

13. Comme le premier.

14. La difference de cet accord à celui de l'article 19. ton mineur, eft que la 7ᵉ & la 3ᶜᵉ font icy majeures.

15. Preparation de finalle, qui fe fait par 4ᵗᵉ & 6ᵗᵉ ou 4ᵗᵉ & 5ᵗᵉ l'octave en eft toûjours, comme il eft dit article 16. ton mineur.

16. Article 7. ton mineur.

17. Comme le premier.

Pour parvenir à la connoiffance parfaite de la compofition & de l'accompagnement, il faut non-feulement pratiquer ces accords, ainfi qu'ils font écrits ; mais les tranfpofer dans les onze autres femi-tons.

Ceux qui apprennent à chanter, voyent dans les deux planches d'octaves le fecret de la tranfpofition, en ce que tout le ton majeur fe folfie par la premiere octave d'ut, & le ton mineur par la premiere octave du ré. Il n'eft pas befoin de Mathematiques pour découvrir combien il faut de diézes & de bémols, pour tranfpofer d'un ton à un autre, comme l'a écrit un Auteur Mathematicien.

Tout le fecret pour l'Ecolier, eft de découvrir en quel ton il eft, du majeur, ou du mineur. La derniere de l'Air eft toûjours la notte de l'octave où l'on eft, & d'elle on compte à fa tierce.

Pour fçavoir fi c'eft ton majeur, il faut compter les femitons d'intervalle. Par exemple, de l'ut au mi, qui eft le ton majeur, on compte ut, ut diéze, ré, mi bémol, & mi, qui font quatre femi-tons d'intervalle, qui par confequent dénotte le ton majeur, & fur le ton mineur, il n'y en a que trois ;

E

car du ré au fa, on compte ré, mi bémol, mi, & fa; qui eſt
un de moins qu'au ton majeur.

Ainſi tout le ton majeur ſe ſolfie par ut, & le ton mineur
par ré, *et la. voyez l'Addition en ce Traité.*

Le chemin des octaves eſt ſûr, & leur pratique rend l'o-
reille Muſicienne & infaillible, & les Maiſtres qui les enſei-
gneront bien, feront d'habiles gens. Il y a du plaiſir à un
Écolier de comprendre ce qu'il fait, & d'en donner raiſon.
On commence à les enſeigner à Paris. Les premiers qui les
ont ſçû, en ont fait myſtere. J'avoüerai même que j'ay eſté
de ce nombre, avec le ſcrupule de ne les pas donner à gens qui
les puſſent enſeigner : mais pluſieurs perſonnes de conſidera-
tion, & de mes amis, m'ont enfin engagé à les mettre au
jour.

Je ne doute pas que les Maiſtres à Chanter, & les Maiſtres
d'Enfans de Chœur, qui voudront, ſans prévention, les enſeigner, ne faſſent une pepiniere de tres-habiles gens ; car les
octaves ſe peuvent figurer de bien des façons differentes :
neanmoins l'on y doit toûjours découvrir le veritable canne-
vas. Secret d'autant plus ſûr, qu'il eſt ſimple & general.

Ceux qui voudront ſe divertir ſur un Inſtrument, pour-
ront faire le tour des octaves, dans l'ordre que je les ay mis;
car les octaves majeures toutes enſemble ne compoſent qu'un
prélude, les octaves ſe dominant les unes les autres.

Ceux qui en voudront faire autant dans les mineures, auront ſoin pour la liaiſon d'harmonie, de faire ſur la derniere
de chaque octave, aprés l'accord ordinaire, le triton, moyen-
nant quoy ils iront de l'une à l'autre, comme aux majeures.
Sera ſçavant celui qui ſera en état de le faire, étant le témoignage que l'on eſt au fait des octaves.

Ceux qui douteront de la verité des principes des octaves,

n'auront pour s'en convaincre, qu'à confulter les ouvrages de Meffieurs Bernier, Clerambault, Morin, & tant d'autres, dont il me faudroit faire une lifte trop longue, s'il me falloit les nommer tous. Ils verront que les octaves y font fervies ponctuellement & clairement ; car quelques varietez qu'il y ait dans leur Mufique, l'on y trouvera toûjours la fimplicité des octaves, tant le chiffre y eft regulier.

Aprés que le Maiftre aura enfeigné la regle des octaves, comme elle eft icy marquée, il doit l'enfeigner à monter & à defcendre par 6tes, par 7mes, &c. afin de confommer l'Ecolier, qui feroit étonné de trouver une quantité de 6tes ou d'autres chiffres de fuite, ce qui ne doit cependant point intriguer, tant qu'il ne regne point de diéze extraordinaire à l'octave où l'on eft.

Je n'ay rien trouvé dans la compofition & dans l'accompagnement de fûr, jufqu'au temps que j'ay eû ces Regles, que j'ay mis d'ordre, comme on le voit. Je les ay pratiquées fur le Théorbe, & fur la Guitare.

Qu'on ne prévienne point fans raifon contre la Guitare. J'avoüerai avec tout le monde qu'elle n'eft pas auffi forte d'harmonie que le Clavecin, ny le Théorbe. Cependant je la croy fuffifante pour accompagner une voix : au moins eft-ce la juftice qu'on luy a rendu, quand on me l'a entendu toucher ; pour ce qui eft des accords, je ne luy en connois point d'impoffibles, elle a par deffus les autres la facilité du tranfport & du toucher, & par-deffus le Théorbe, les Parties d'accompagnement non renverfées, par confequent plus chantantes.

Il eft neceffaire de fçavoir l'efpece de chaque chiffre dans les octaves ; la difference dans les mineures, & dans les majeures ; car dans les tranfpofitions, cela eft d'un grand fecours

pour n'avoir point de doute : Il faut donc qu'un Ecolier
fçache.

Ton majeur en montant.

La premiere du ton, a 3^{ce} majeure, 5te & 8^{ve}

La seconde,　　　　a 3^{ce} mineure, 4te & 6te majeure.

La troisiéme,　　　a 3^{ce} mineure, 6te mineure, & 8^{ve}

La quatriéme,　　　a 3^{ce} majeure, 5te & 6te majeure.

La cinquiéme,　　　a 3^{ce} majeure, 5te & 8^{ve}

La sixiéme,　　　　a 3^{ce} min^{re} 6te min^{re} on double l'une dés 2.

La septiéme,　　　　a 3^{ce} mineure, fausse quinte, & 6te mineure.

La huitiéme est repetition de la premiere.

En descendant.

La septiéme du ton, a 3^{ce} min^{re} 6te min^{re} on double l'une des deux.

La sixiéme,　　　　a 3^{ce} mineure, 4te & 6te majeure.

La cinquiéme,　　　a comme en montant.

La quatriéme,　　　a le triton, 6te majeure, & 2^{de}

La troisiéme,　　　a comme en montant.

La seconde,　　　　a comme en montant.

La premiere,　　　　a comme en montant.

Ton

Ton mineur en montant.

La premiere du ton, a tierce mineure, quinte, & octave.

La feconde,   a 3^{ce} min^{re} fauffe quinte, 6te majeure.

La troifiéme,   a 3^{ce} majeure, 6te majeure, & 8^{ve}.

La quatriéme,   a 3^{ce} min^{re} 5te & 6te majeure.

La cinquiéme,   a 3^{ce} majeure, 5te & 8^{ve}.

La fixiéme,   a 3^{ce} min^{re} & 6te min^{re} on double l'une des 2.

la feptiéme,   a 3^{ce} min^{re} 6te min^{re} & fauffe quinte.

La huitiéme repetition de la premiete.

En defcendant.

La feptiéme du ton, a 3^{ce} maj^{re} & 6te maj^{re} on double l'une des 2.

La fixiéme,   a *3^{ce}* majeure, 4te majeure, & 6te majeure.

La cinquiéme,   a comme en montant.

Le quatriéme,   a le triton, 6te majeure, & 2de.

La troifiéme,   a comme en montant.

La feconde,   a 3^{ce} min^{re} 4te & 6te majeure.

La premiere,   a comme en montant.

E

Je dirai icy que l'ufage de la Tablature d'a, b, c, eft per-
nicieufe pour ceux qui veulent faire quelque progrés fur le
Théorbe & fur la Guitare, & c'eft en partie ce qui a perdu
le Lut ; car nous voyons des gens qui, avec de la main, du
goût, & de l'oreille, ne peuvent atteindre à la fuperiorité de
ces Inftrumens. Quand je commence un Ecolier, je luy en-
feigne une Tablature muficale ; c'eft-à-dire, que j'écris fur
la ligne de la corde, le nom de la notte, ne pouvant faire
autrement pour l'ufage des pieces ; & pour l'accompagnement
je me fers de la Mufique ordinaire, à la maniere de Monfieur
de Maltot : c'eft la mer à boire, que de vouloir l'apprendre
par a, b, c, comme l'ont enfeigné les Anciens. Cependant
je me fuis conformé à l'ufage de cette Tablature, dans un
Livre de pieces de Guitare que j'ay mis au jour, où il y a
huit manieres differentes d'accorder : la Tablature en ce cas
étant utile ; mais ceux qui s'en veulent fervir, doivent bien
connoiftre leur manche par Mufique auparavant.

Il m'auroit efté facille d'amplifier ce petit Traité ; mais je
me perfuade qu'il fuffit, aidé d'un Maiftre verfé dans la Regle des octaves ; car c'eft une erreur de croire parvenir feul
avec un Livre, quand on n'eft pas à certaine portée, où il faut
beaucoup de patience & d'application : & quand on eft me-
diocrement avancé, un Livre ne fçauroit répondre aux objec-
tions bonnes ou mauvaifes qu'un Ecolier peut faire.

F I N.

9 782329 604503